Bilingual Book

Frog

개구리

English and Korean

by Colin Hann, Jihee Han, Pedro Páramo.

Frog - 개구리

The Pansy sisters lived in a blue flowerpot next to the village pond. They shared the pot with Basil, Rosemary and Frog.

팬지 자매는 마을 연못 옆에 있는 파란색 화분에 살고 있었어요. 팬지 자매는 바질과 로즈메리 그리고 개구리와 함께 화분을 썼어요.

At this moment, they were chatting in a lively manner about all the new happenings in the village. The Pansy sisters especially, liked a good gossip it helped to pass the time.

그때 그들은 마을에서 일어난 새로운 일들에 대해 이야기하고 있었어요. 특히 팬지 자매는 시간이 가는 줄도 모르게 재미있는 소문을 좋아했어요.

This week's favourite subject had been Frog. Frog was different. Frog was an animal.

이번 주의 인기 있는 소식은 개구리에 관한 것이었어요. 개구리는 달랐어요. 개구리는 동물이에요.

The sisters agreed that Frog was very big, for a frog. None of the plants knew "Frog's" real name but it must be Frog because, when he was in the pond, all they could see were his big bulging eyes.

팬지 자매는 그 개구리가 다른 개구리에 비해 덩치가 아주 크다고 생각했어요. 아무도 "개구리의" 진짜 이름을 몰랐지만, 그가 개구리 중의 하나인 것이 틀림없었어요. 왜냐하면, 그 개구리가 연못 안에 있었을 때 식물들이 볼 수 있었던 건 크고 툭 튀어나온 눈뿐이었거든요.

Frog's eyes were very big; all of Frog was very big!
The only small part of Frog was his tail and the plants
knew that frogs do not have big tails.

개구리의 눈은 정말 컸어요. 원래 개구리들의 눈은
정말 크잖아요! 그 개구리의 몸에서 작은 곳은
꼬리밖에 없었는데 식물들은 원래 개구리의 꼬리가
작다는 것을 알고 있었어요.

When Frog yawned, his mouth opened very wide and
the plants could see big teeth.
"I didn't know that frogs have teeth," said Basil to no
plant in particular.

개구리가 하품할 때마다 입이 정말 크게 벌어졌고
식물들은 그의 큰 이빨을 볼 수 있었어요.
"난 개구리의 이빨이 큰지 몰랐어." 바질이 혼자
중얼거렸어요.

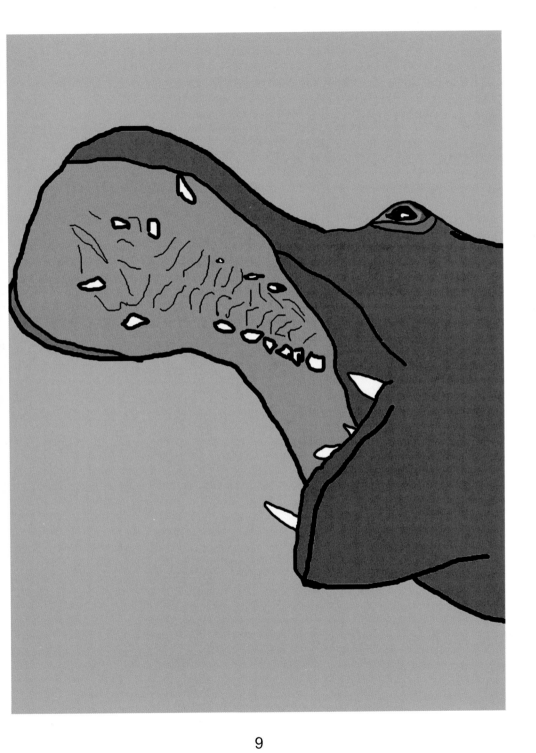

"They must have teeth;" said the Pansy sisters, "frogs eat insects. I wouldn't want to swallow a fly whole. Would you young Basil?"

Basil thought for a long time, the plants were not going anywhere.

"개구리들은 이빨이 있어야 해." 팬지 자매가 말했어요. "개구리는 벌레를 먹잖아. 난 파리를 통째로 삼키고 싶진 않은데. 넌 어때 어린 바질?"

바질은 오랫동안 생각했어요. 식물들은 가만히 기다리고 있었지요.

"No, I would not want to swallow a fly. What about you Rosemary?" Basil replied, hoping that the Pansy sisters would stop staring at him.

"아니, 나도 파리를 삼키고 싶지 않아. 넌 어때 로즈메리?" 팬지 자매가 자기를 그만 쳐다보기를 바라면서 바질이 대답했어요.

Rosemary was watching Frog wallow in the water. "What did you say Basil?" she said, not sounding very interested.

로즈메리는 개구리가 물 안에서 뒹구는 것을 보고 있었어요.

"뭐라고 했어, 바질?" 로즈메리가 건성으로 대답했어요.

At that moment, Frog came out of the water towards the flowerpot. Frog was big! He was fat too!

그때 개구리가 물 밖으로 나오더니 식물들에게 다가왔어요. 그 개구리는 정말 컸어요! 또 뚱뚱했어요!

"Frog is so big", laughed Basil.

All the plants laughed. It was so funny. Frog was such a very, very big frog.

"개구리는 정말 크구나", 바질이 웃었어요.

식물이 모두 웃음을 터트렸어요. 정말 재미있었어요.

그 개구리는 아주 덩치가 컸어요.

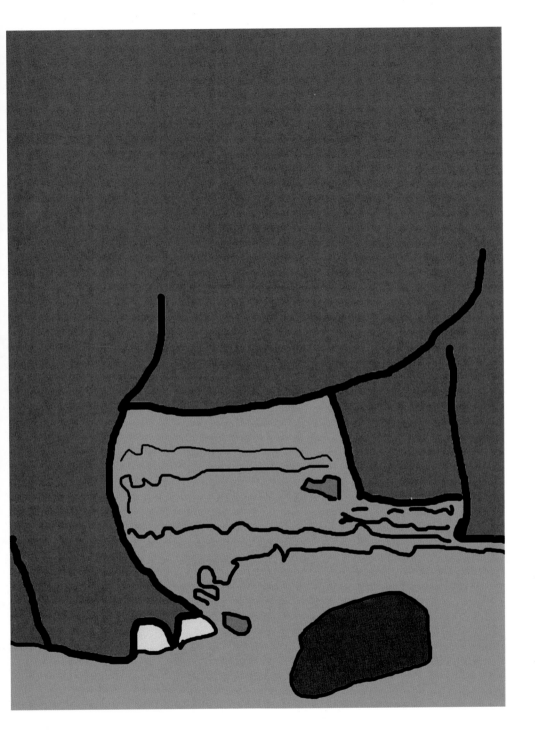

13

The plants all looked up at Frog. He did have big back legs just like frogs.

식물들은 모두 개구리를 올려다 보았어요. 그는 여느 개구리들같이 정말 큰 다리를 가지고 있었어요.

"I wonder how high Frog can jump," said Rosemary. "That's an interesting thought," laughed Basil. "Let's ask him!"

"난 저 개구리가 얼마나 높이 뛸 수 있는지 궁금해." 로즈메리가 말했어요.

"정말 재미있는 생각이야." 바질이 웃었어요."

" 개구리에게 물어보자!"

The Pansy sisters turned their blue faces towards Frog.

"Frog!" they shouted in harmony. "Jump!"

팬지 자매가 파란 얼굴을 개구리 쪽으로 돌렸어요.

"개구리!" 팬지자매가 동시에 소리를 질렀어요.

"뛰어!"

Frog looked down at the plants in the little blue flowerpot.

"Me?" asked Frog. "I can't jump."

The plants thought that Frog must be shy; they all knew that frogs could jump.

개구리가 작은 파란색 화분 안의 식물들을 내려다보았어요.

"나?" 개구리가 물었어요. "난 뛸 수 없어."

식물들은 개구리가 수줍음이 많다고 생각했어요.

식물들은 개구리가 모두 뛸 수 있다는 것을 알고 있었어요.

"Jump!" shouted all the plants, "Jump! Jump!"

Frog frowned.

"Are you sure you want me to jump?"

"Jump! Jump!" shouted the plants excitedly.

"뛰어!" 식물들이 모두 소리쳤어요. "뛰어! 뛰어!"

개구리가 얼굴을 찌푸렸어요

"정말 내가 뛰어오르기를 바라니?"

"뛰어! 뛰어!" 식물들이 신이 나서 소리쳤어요.

Frog jumped! Not very high but the ground shook.

"Gosh!" said the plants, "Jump Frog, jump!"

개구리가 뛰었어요! 아주 높이 뛰지는 않았지만,

땅이 흔들렸어요.

"이크!" 식물들이 말했어요, "뛰어 개구리야, 뛰어!"

Frog lowered down to the ground and jumped, for a moment blocking the sun. The ground shook like an earthquake.

개구리는 땅을 향해 몸을 숙이더니 다시 뛰었고 잠깐 해를 가렸어요. 마치 지진이 난 것처럼 땅이 흔들렸어요.

The little blue flowerpot, with all the plants in it, bounced high in the air. Ripples spread across the village pond.

"This is fun," said Frog.

식물들이 사는 작은 파란색 화분은 공중으로 크게 떠올랐어요. 마을 연못 안에는 작은 물결이 퍼졌어요.

"이거 재미있는데." 개구리가 말했어요.

Frog looked at the pond. He trotted round to the side of the pond where the bank was highest.

개구리는 연못을 살펴보았어요. 그리고는 둑이 가장 높은 연못가로 빠르게 걸어갔어요.

The flowerpot wobbled. Frog took a run and jumped off the bank into the pond.

화분이 흔들렸어요. 개구리가 달려가더니 둑을 뛰어넘어 연못 안으로 들어갔어요.

A tsunami reared out of the muddy water throwing a fish and the flowerpot off the grassy bank, down onto the road. All that was left in the pond was a little bit of water and lots of mud.

흙탕물 위로 쓰나미가 치더니 풀이 가득한 둑에 있던 물고기와 화분을 길 아래로 밀어냈어요. 연못 안에는 물 조금과 진흙만 잔뜩 남아있었어요.

"This is great." said Frog, the hippopotamus. "Mud is marvellous! Now I can have a proper bath."

"정말 멋진데." 개구리, 아니 하마가 말했어요.

"진흙은 최고야! 이제 제대로 목욕할 수 있겠구나."

Did you know?

🦛 A hippopotamus can run faster than a man can run.

🦛 They can be very dangerous especially when threatened.

🦛 Their "yawn" is a warning sign to leave them alone.

🦛 Hippos eat grass.

알고 있나요?

🦛 하마는 사람보다 더 빨리 뛸 수 있습니다.

🦛 하마는 특히 위협을 받았을 때 아주 위험합니다.

🦛 하마의 "하품"은 내버려 두라는 경고의 표시입니다.

🦛 하마는 풀을 먹습니다.

개구리

팬지 자매는 마을 연못 옆에 있는 파란색 화분에 살고 있었어요. 팬지 자매는 바질과 로즈메리 그리고 개구리와 함께 화분을 썼어요.

그때 그들은 마을에서 일어난 새로운 일들에 대해 이야기하고 있었어요. 특히 팬지 자매는 시간이 가는 줄도 모르게 재미있는 소문을 좋아했어요.

이번 주의 인기 있는 소식은 개구리에 관한 것이었어요. 개구리는 달랐어요. 개구리는 동물이에요.

팬지 자매는 그 개구리가 다른 개구리에 비해 덩치가 아주 크다고 생각했어요. 아무도 "개구리의" 진짜 이름을 몰랐지만, 그가 개구리 중의 하나인 것이 틀림없었어요. 왜냐하면, 그 개구리가 연못 안에 있었을 때 식물들이 볼 수 있었던 건 크고 툭 튀어나온 눈뿐이었거든요.

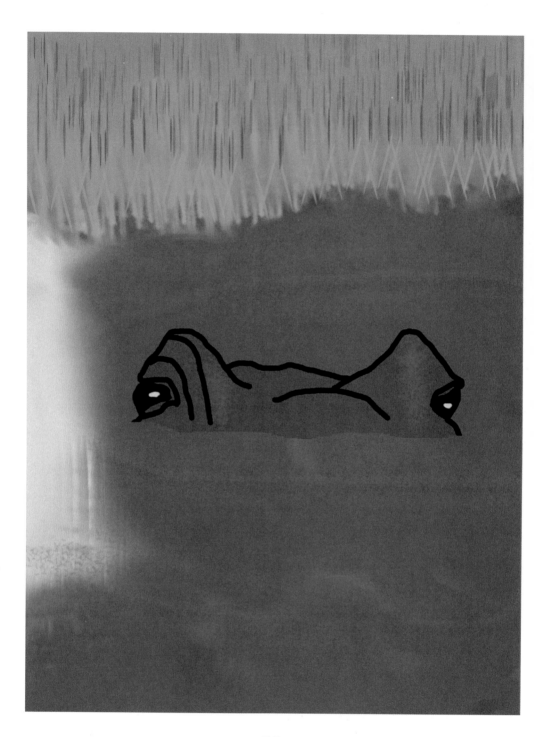

28

개구리의 눈은 정말 컸어요. 원래 개구리들의 눈은 정말 크잖아요! 그 개구리의 몸에서 작은 곳은 꼬리밖에 없었는데 식물들은 원래 개구리의 꼬리가 작다는 것을 알고 있었어요.

개구리가 하품할 때마다 입이 정말 크게 벌어졌고 식물들은 그의 큰 이빨을 볼 수 있었어요. "난 개구리의 이빨이 큰지 몰랐어." 바질이 혼자 중얼거렸어요.

"개구리들은 이빨이 있어야 해." 팬지 자매가
말했어요. "개구리는 벌레를 먹잖아. 난 파리를
통째로 삼키고 싶진 않은데. 넌 어때 어린 바질?"
바질은 오랫동안 생각했어요. 식물들은 가만히
기다리고 있었지요.

"아니, 나도 파리를 삼키고 싶지 않아. 넌 어때
로즈메리?" 팬지 자매가 자기를 그만 쳐다보기를
바라면서 바질이 대답했어요.

로즈메리는 개구리가 물 안에서 뒹구는 것을 보고
있었어요.
"뭐라고 했어, 바질?" 로즈메리가 건성으로
대답했어요.

그때 개구리가 물 밖으로 나오더니 식물들에게
다가왔어요. 그 개구리는 정말 컸어요! 또
뚱뚱했어요!

"개구리는 정말 크구나", 바질이 웃었어요.

식물이 모두 웃음을 터트렸어요. 정말 재미있었어요.

그 개구리는 아주 덩치가 컸어요.

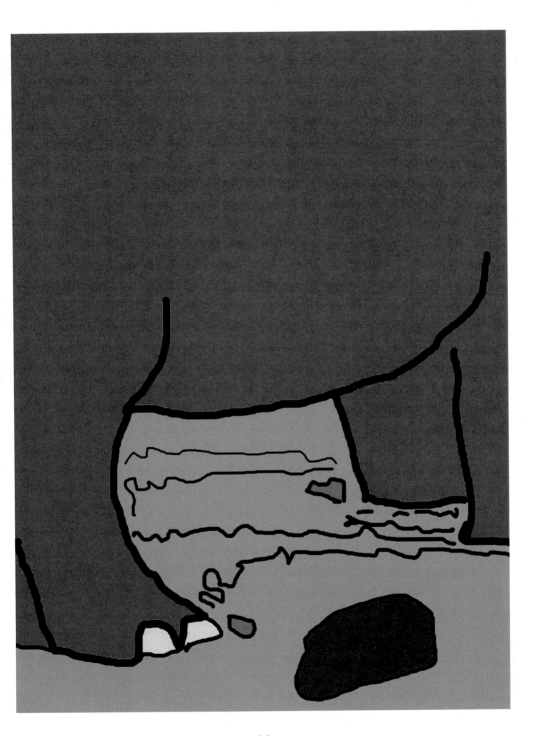

33

식물들은 모두 개구리를 올려다 보았어요. 그는
여느.

"난 저 개구리가 얼마나 높이 뛸 수 있는지 궁금해.
" 로즈메리가 말했어요.
"정말 재미있는 생각이야." 바질이 웃었어요."
" 개구리에게 물어보자!"

팬지 자매가 파란 얼굴을 개구리 쪽으로 돌렸어요.
"개구리!" 팬지자매가 동시에 소리를 질렀어요.
"뛰어!"

개구리가 작은 파란색 화분 안의 식물들을
내려다보았어요.
"나?" 개구리가 물었어요. "난 뛸 수 없어."
식물들은 개구리가 수줍음이 많다고 생각했어요.
식물들은 개구리가 모두 뛸 수 있다는 것을 알고
있었어요.

"뛰어!" 식물들이 모두 소리쳤어요. "뛰어! 뛰어!"
개구리가 얼굴을 찌푸렸어요

"정말 내가 뛰어오르기를 바라니?"

"뛰어! 뛰어!" 식물들이 신이 나서 소리쳤어요.

개구리가 뛰었어요! 아주 높이 뛰지는 않았지만,
땅이 흔들렸어요.

"이크!" 식물들이 말했어요, "뛰어 개구리야, 뛰어!"

개구리는 땅을 향해 몸을 숙이더니 다시 뛰었고
잠깐 해를 가렸어요. 마치 지진이 난 것처럼 땅이
흔들렸어요.

식물들이 사는 작은 파란색 화분은 공중으로 크게
떠올랐어요. 마을 연못 안에는 작은 물결이
퍼졌어요.

"이거 재미있는데." 개구리가 말했어요.

개구리는 연못을 살펴보았어요. 그리고는 둑이 가장 높은 연못가로 빠르게 걸어갔어요.

화분이 흔들렸어요. 개구리가 달려가더니 둑을 뛰어넘어 연못 안으로 들어갔어요.

흙탕물 위로 쓰나미가 치더니 풀이 가득한 둑에 있던 물고기와 화분을 길 아래로 밀어냈어요. 연못 안에는 물 조금과 진흙만 잔뜩 남아있었어요.

"정말 멋진데." 개구리, 아니 하마가 말했어요.

"진흙은 최고야! 이제 제대로 목욕할 수 있겠구나."

알고 있나요?

🦛 하마는 사람보더 더 빨리 뛸 수 있습니다.

🦛 하마는 특히 위협을 받았을 때 아주 위험합니다.

🦛 하마의 "하품"은 내버려 두라는 경고의
표시입니다.

🦛 하마는 풀을 먹습니다.

66251730R00024

Made in the USA
Columbia, SC
16 July 2019